JN137208

いつもXLサイズだった
アラフォーママが、
産後半年で
あっという間に10キロ痩せられた方法ぜんぶ

ペシェ子

KADOKAWA

ごあいさつ

こんにちは、ペシェ子と申します。
4人の男児の子育てに追われている普通の「主婦」です。
子どもを1人産むたびに体重はどんどん増量…。
4人目を出産後には、ついに
人生最大の体重75kg（身長169cm）になりました。
思わず、**「この体重計、壊れてるわ」**と現実逃避…。

自分の見た目が理由で常にイライラ、
子どもや夫への八つ当たりも加速していき、
「このままではいけない！」と68・8kgの時点で
本格的にダイエットを決意！

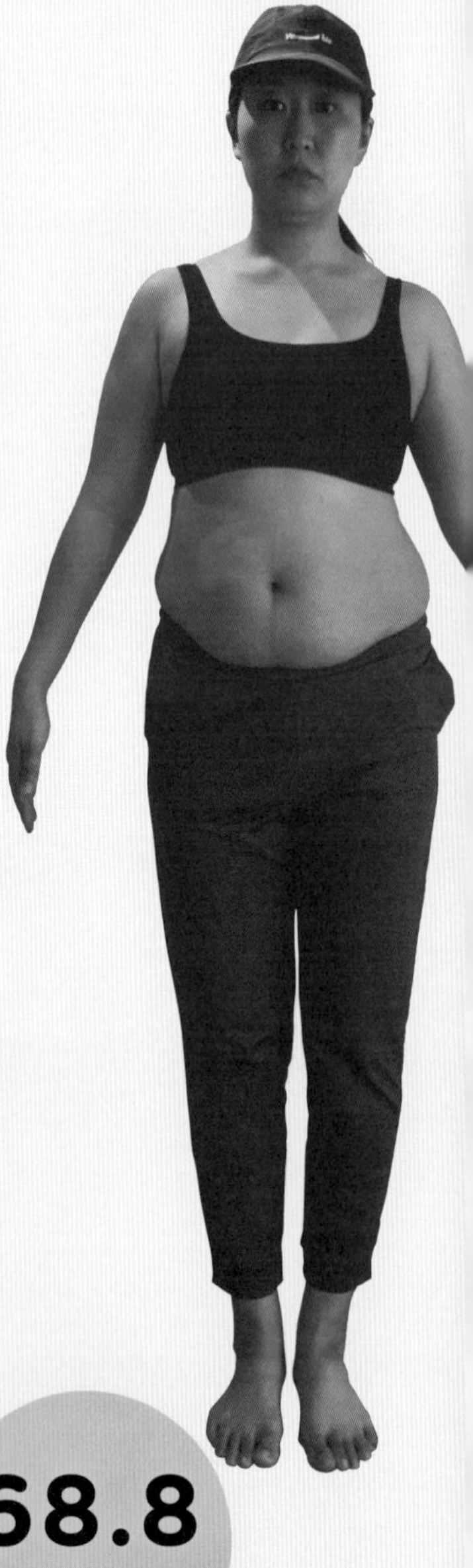

68.8
kg

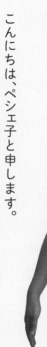

続けられることをやろう！

どうせダイエットするならその過程を記録して配信しよう。
そうして、**半年でマイナス10kg、1年でマイナス17kg**を達成しました！　今も健康体重を維持できています。

私が痩せた方法はネットで検索すればトップに出てくるような普通のことばかり。でも、それが続かないからみんな痩せられない。

ペシェ子流ダイエットは「続く」ことを大事にしているから楽しいんです。

ダイエットはツライものではなく、楽しむものだと気づいたもの勝ちです。

1 year later

51 kg

ペシェ子の
ダイエットヒストリー

学生＆社会人時代

脂肪燃焼スープや寒天置き換え、
スルメばかり食べるなど
極端なダイエットに
ハマっていた時期。

この頃はよく口内炎ができていて、
若いのに肌ツヤも悪かったかも。

シンガポール勤務時代。
食べ物がおいしくて
そこそこ太ってました（笑）。

結婚

ウエディングドレスを
キレイに着るために、
食べないダイエットをしていました。
たいして痩せもしない上、
その後しっかりリバウンド…。

62 kg

長男出産

73 kg

1人目の出産で激太り！

母親らしい服装、
髪は染めないと意識していたら
結婚式から半年で見た目は
しっかり「肝っ玉母さん」。

65
kg

次男出産

美容院に通わなくなり、
50歳に見られることも…。
勝手に、
「お母さんとは
こういうもの」という
イメージを作って

自分で
老け込む未来を
引き寄せていた
かもしれません。

三男出産

どんどん脂肪は蓄積していき、
ホルモンバランスも大きく乱れて
メンタルが不安定になる日々。
子育ては忙しくも楽しかったけど、
やさしい夫に感情的にあたることも
多かったな、と反省。

68
kg

75
kg

四男出産

毎朝、長男を保育園に送った帰りに
ファストフード店通い。
産後2か月で大増量！

**75kg！
今までの人生
MAXの数字！**

体重計の数字が信じられず、
体重計が壊れている
と現実逃避し、「痩せてほしい」と懇願する
夫に対して暴言を吐く始末。

…とは言えさすがに
ヤバイ…
私はダイエットを
スタートしました。

私が半年でマイナス10kg、1年でマイナス17kgを達成した方法は、決して特別なことではないけれど、**どうやったら続くか**を一番に考えて行いました。

そして1年後

ミセスコンテストに出場を果たしていたのです！

51 kg

ダイエットはイベントではなくて、日常。生活の一部です。

ダイエットが続かない、停滞期で挫折、リバウンドを繰り返す…そんな人の助けになれたらと思い、この本を作りました。

CONTETS

トレーニング部分（P102〜121）監修／吉原 潔 医師

撮影／古家佑実（SPINDLE）
ブックデザイン／市川さつき
編集協力／白倉綾子
編集／小野結理（KADOKAWA）
校正／麦秋アートセンター
SPECIAL THANKS／デトックスおかん

三日坊主にならない!
くよくよしない!!

掲げた目標を実現する

ペシェ子の手帳術

漠然と「10kg減らすぞ」と胸の内に秘めておくよりも、目標として書き出すほうが実現性、達成率が高いと実感しています。ただし、人は**最初に目標を掲げてしまうとその実現のために無理をしてしまいがち**。それがダイエットは**ツライもの、頑張らなくちゃいけないものという呪縛を生んでいる**ように思います。だから**ペシェ子の手帳術では「やりたくないこと」を一番に考えて書き込みます。これがダイエットを楽しむ最初の一歩**です。

絶対にやらない! のではなく
「やりたくないこと」と
「やりたいこと」を分けて
考えるのが大切!

1 まずはダイエットでやりたくないことを書き出そう

これ、すごく大事!

ダイエットを決意するとやりがちなのが、「ダイエットをするならこうすべき」という思い込みで、突然走り込んだり、いきなり過度な食事制限をしたりと無理をしてしまうこと。最初に「したくないこと」を考えておけば、無理をしなくて済むし、ネガティブな感情を持ちづらくなります。

例

- スイーツは我慢したくない
- ジムには通いたくない
- お金をかけたくない
- 毎日、運動はしたくない

2 最終目標を立てよう

いくつでもいいよ!

ダイエットを成功させてどうなりたいのか、どうしたいのかを書き出します。10kg痩せるという目標もいいですがそれは頭の片隅に置いて、10kg痩せた先を見ると楽しいはず。私ならこんな感じです。

例

- 卒園式で白のスーツを着る
- 七五三で着物を着こなす
- 脚出しファッションを楽しむ
- 夫ともっと仲よくなる♡

3 期限を決め、過去形でコメントを書き入れよう

全て妄想でOK!

立てた目標が叶ったかのように過去形、完了形で書くことで達成しやすくなります。言うなれば前祝いのようなもの。その際に期限を決めると達成するために行動しやすくなります。

例

5月	着たかった服を着こなせた
8月	20代以来のビキニに挑戦!　うれしい♡
10月	10kg痩せて夫とデート♡　交際中よりも仲よし

1 あなたのやりたくないこと

「ダイエットをするなら走り込まなきゃ…！」って、それ本当にあなたのやりたいこと？　義務感や思い込みを捨てて、まずはあなたの「やりたいこと」と「やりたくないこと」を明確にしてみましょう。

2　あなたの最終目標

目標をどんどん書き出そう！　完了形・過去形で書くのがポイントです。目標に合ったビジュアルボード（P055参照）を作って視覚化するのもオススメ。

3　期限と目標達成コメント

②で立てた目標が達成した設定でコメントを書き入れよう。本当に達成したら○をつけたり、お気に入りのシールを貼りましょう。

1月	2月	3月
4月	5月	6月
7月	8月	9月
10月	11月	12月

ペシェ子の手帳術で目標を実現！

実は私、2024年1月に「カドカワさんとつながれた！　ありがとうございます」と手帳に書いていました。KADOKAWA主催のダイエット系インスタグラマーさんのトークイベントを観に行く予定があっただけで、全然つながってなかったんですけど（笑）。**今回こうして本を出せることになって本当にビックリ**しています！　ほかにも目標をいくつか書き出していたのですが、**その全てが1年で実現した**ので自分にビビっています（笑）。

『KADOKAWA』から
本を出す！本当に
達成しちゃいました!!

私のダイエットの
理念です

PART 1

ダイエットは
自分を大切にする
ごほうび

Pesheko's SPIRIT 1

ダイエットで「自信」と「自身」を取り戻そう！

子育ては楽しいのですが、私はいつの間にか**「お母さん」という仮面を被り、おしゃれや美容にも無関心で、好きなこともわからず、自分自身を失っていた**ように思います。インスタグラムで発信していたら同じような状況の人から共感の声をもらったので私のような人は多いのかなと。だから**ダイエットで自信と自身が取り戻せるよ、誰でもいつからでも変われるよって伝えた**いんです。私は外見だけでなく、内面も変わって人生がガラリと変わり、子どもとの接し方も変わりました。「お母さんだし」「もう歳だし」とあきらめているのだとしたらもったいないと思います。

Pesheko's
SPIRIT
2

ダイエットは
自分との
約束ごと

自分で勝手に決めたことだから、
約束を破ってもとがめる人は誰もいない。
だからこそ、人との約束を守るのと同じように、
自分との約束を守ってみてもいいんじゃない?

ペシェ子流ダイエットは、自分の掲げた目標に向かって進むだけ。気持ちが揺らぎそうな時は初心に返って手帳をパラパラと見返します。自分との約束はないがしろにしがちだけど、そうすると自分への信頼が落ちるし、自分が嫌いになってしまいます。子どもや夫が優先になっていたり、仕事や家事で忙しくしていたりする皆さん、自分との約束も、人との約束と同じように守ることでどんなことがあってもブレずに過ごせると思います。

Pesheko's SPIRIT 3

自分に手間をかけて「〇〇してあげる」といういたわり発想が大事！

家事や仕事に追われて
自分のことは、
二の次になってない？
何でもないことを自分のために
「してあげる」という思考が
ご自愛精神を身に付ける
きっかけに！

「普通」のことなのに
「あげる」発想でいたわりに！

ペシェ子のMYいたわり変換術

22時には布団に入って
いっぱい寝てあげる

体にやさしい食事を
意識してとってあげる

朝一番で白湯を飲んであげる

Pesheko's SPIRIT 4

マインド ブロックを 捨てる!

ポイッ!

!!!

ダイエットはツライというマインドブロック（行動を起こそうとした時に思い浮かぶ否定的な考えや固定観念）を捨てましょう。**「ダイエットは楽しい」ということを脳に思い込ませることが大事。**ダイエットをすることで報酬（Ｐ０５６参照）を得られたら**どんどんダイエットをしたいと思えるようになるし、何をやっても成功するはず。**そのためにも手帳術で「やりたくないこと」をしっかり書き出すことが大切です。

Pesheko's
SPIRIT
5

他人と比較しても
仕方がない！
比べるなら

過去の自分！

ダイエットというのは少しずつ痩せてだんだん自信がついてくるもの。しかしその過程で**ほかの人と自分を比較して「私はまだまだ太い」と落ち込んでしまうことほど不毛**なことはありません。**比べるなら絶対に過去の自分。**スタート時と比べて3kg減ったとか、体重に変化がなくても肌ツヤがよくなったとか、何かしらの変化が起きているはずです。**少しでも上向きに変化していたら気分も上がり、モチベーションアップにつながります。**

PAST!!

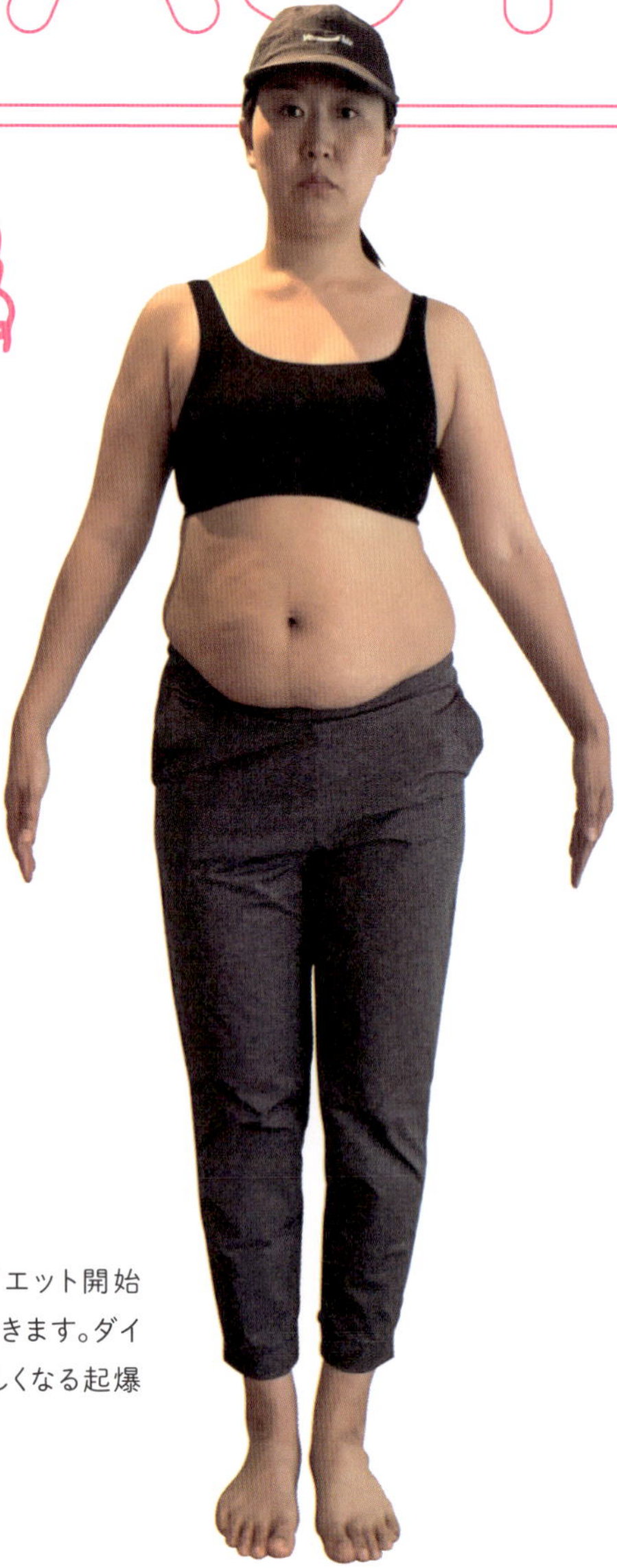

直視したくない現実も残しておくと比較のしがいがあります

比較対象としてダイエット開始時に写真を撮っておきます。ダイエットがどんどん楽しくなる起爆剤になります。

NOW!

1年前の姿と比較して
別人級に変われたので大満足！

誰かと比較しても仕方がない！
モデル立ちの美しい自分を撮影
してみて。過去の自分と比べたら
最高だと思います！

Pesheko's SPIRIT 6

停滞期なんてなんのその！ただ淡々といつも通りに過ごすだけ

順調に落ちていた体重が、なかなか落ちなくなってくる停滞期でくじけそうになる人が多いと聞きます。**停滞期は目標に向かって進んでいる最中の「一過程」に過ぎない**ので、ガンとアクセルを踏むのではなく、いつか痩せる、いつか目標を達成させると思って、淡々と焦らずに、自分で決めたいつものことをやるだけです。**むしろ停滞期なんて把握しなくていい**と思います。

全部、私の
経験談です

PART 2

これやってたら、太るよ！

1

やってない？

布団に入っても
スマホを見ていて…

睡眠不足

寝る子は育つ、ではないけれど「寝る子は痩せる」。睡眠中に分泌される成長ホルモンには脂肪の分解を促す働きがあるそうです。また睡眠不足だと食欲を増進させるホルモンが分泌されるので、太りやすくなります。私は22時就寝、6時起床の生活スタイルです。

良質な睡眠がとれていないと日中に睡魔が…

2

やってない？

とくに用もないのに…コンビニに立ち寄る

　とくに必要なものもないのにコンビニに立ち寄ってしまうと、目に入ったものが気になって買ってしまいがちです。私はカフェラテが好きなのでコンビニによく立ち寄っていましたが、その際レジ横のスイーツなどにも手を出していました。まずは1週間！　と決めてコンビニをスルーするようにしたらムダに立ち寄らなくなりました。

ムダ買いしちゃう人は
要注意だよ！

3

やってない？

おなかが空いていないのに…食べちゃう

空腹ではないのに食べたくなる時はストレスがあったり、生理前や生理中でホルモンバランスが崩れていたり、食後の血糖値の乱高下などが影響しているかも。「おなかが空いていないから食べない」「おなかが空いたから食べる」という習慣をつけることが太りにくい体作りには重要です。

食べても気持ちが
満たされない…

やってない？

4

食事は流し込み…

よく噛んでない！

咀嚼することで満腹中枢が刺激されて、食べ過ぎを抑制できます。数回噛んですぐに飲み込んだり、水分で流し込んだりしていると食べ過ぎてしまいます。以前の私は子どもにごはんを食べさせている合間に自分もササッと食べるスタイルだったので、ゆっくりよく噛んで食べることができていませんでした。

あれ、
今何食べたっけ？

5

やってない？

急いでないけど…
早食い

　太っている時は、5分くらいでパパッと食べて、子どもの世話や家事をするような生活をしていました。早食いなのでもちろん噛む回数も少なく、おなかが満たされた感じがしないので、満腹感を得られるまでひたすら間食などで満たそうとしていました。今思えば、そりゃ太るわ、と思うくらいびっくりする量を食べていましたね。

早食いは
食べ過ぎのもと！

6

やってない？

体型が気になって…

ゆるワンピ ばかり着る

太っていた当時はゆるワンピばかり着ていましたね。体のラインを拾わないというのもあるけれど、とにかく楽。そしておなかまわりがゆるいから5kgくらい太っても気づかない。今まではいていたパンツにお尻が入らない、ウエストのボタンがとまらないという現実に触れないと、どんどん太ってしまいます。

おしゃれじゃなくて
“楽さ”セレクトした結果

7

やってない？

猫背、反り腰、ストレートネック…姿勢が悪い

　姿勢と体型は密接に関係しています。姿勢が悪いとおなかはぽっこり出るし、ウエストは寸胴、お尻はたれ下がって大きく見えるようになり、まさに太っている時の私はそんな体型でした。スマホ、PCワーク、運動不足などで猫背、反り腰、ストレートネックになりやすいので意識して改善が必要です。

いくら痩せても
姿勢が悪いと
残念体型…

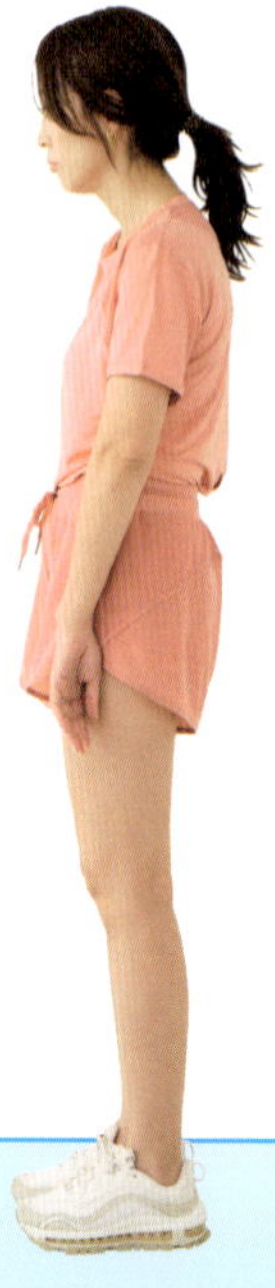

8

やってない？

自分の姿を直視したくなくて…

鏡を見ない

毎日鏡を見ていますか？　顔だけじゃなく、全身です。現状の姿を直視しないまま過ごしていた時の私は、久々に乗った体重計を見ても「体重計が壊れている」「75kgの見た目じゃない（いい意味で）」と本気で思っていました。でも全身の正面、横、後ろ姿を見た時には愕然として即ダイエットに踏み切れました。

鏡を見なかったら
太っていることにも
気づかず

9

やってない？

自分の服 いつ買ったっけ？

身だしなみを気にしない

子どもの服は成長に応じて新しくするけれど、自分の服はまったく新調していませんでした。化粧もあまりせず、見た目にかなり無頓着で、自分を大切にしていなかったなと思います。形から入るのも大事で、まずはわかりやすく見た目を変えることでキレイになる楽しさ、喜びを思い出しました。

**お母さんだって
我慢しなくていい！**

10

やってない?

コーヒーは飲んでるけど?
水はほとんど飲まない

　ダイエット前はコーヒー、お茶、食事などから水分は摂取していても、「水」となると300mlも飲んでいませんでした。無味な「水」に舌が慣れたからか、ムダ食いや濃い味つけも防げるようになりました。体の中から変わっていきます。

痩せたいなら
水が一番!

好きなことから
始めていい！

PART 3

ペシェ子流ダイエットは楽しい♪

ENJOY 1

「ペシェ子の手帳術」に“楽しい”を詰め込もう！

ダイエットをしよう！　と思い立った時、最初にしたいのは「ペシェ子の手帳術」（P012参照）をもとにした書き出し。毎日ウォーキング、夏までにマイナス10kgなど、**自分を追い詰めるようなストイックな目標ではなく、痩せたらどうなりたいのか、どうしたいのか**という楽しい目標を書き出します。**宝くじが当たったら何に使おう、というのと似ているかも。**やりたくないことも挙げておくとストレスなくダイエットが続くはずです。

1 まずは思いを書き出して！

これ、すごく大事！

1 まずはダイエットでやりたくないことを書き出そう

ダイエットを決意するとやりがちなのが、「ダイエットをするならこうすべき」という思い込みで、突然走り込んだり、いきなり過度な食事制限をしたりと無理をしてしまうこと。最初に「したくないこと」を考えておけば、無理をしなくて済むし、ネガティブな感情を持ちづらくなります。

例
- スイーツは我慢したくない
- ジムには通いたくない
- お金をかけたくない
- 毎日、運動はしたくない

いくつでもいいよ！

2 最終目標を立てよう

ダイエットを成功させてどうなりたいのか、どうしたいのかを書き出します。10kg痩せるという目標もいいですがそれは頭の片隅に置いて、10kg痩せた先を見ると楽しいはず。私ならこんな感じです。

例
- 卒園式で白のスーツを着る
- 七五三で着物を着こなす
- 脚出しファッションを楽しむ
- 夫ともっと仲よくなる♡

全て妄想です

3 期限を決め、過去形でコメントを書き入れよう

立てた目標が叶ったかのように過去形、完了形で書くことで達成しやすくなります。言うなれば前祝いのようなもの。その際に期限を決めると達成するために行動しやすくなります。

例
5月 着たかった服を着こなせた
8月 20代以来のビキニに挑
10月 10kg痩せて夫とデート

013 ペシェ子の手帳術

P013をチェック！

まずはP013を参考にして、P014～016の記入シートにご自身の「①やりたくないこと」「②最終目標」「③期限と目標達成コメント」を書き出してみましょう。書き終えて、ダイエットをしたくてワクワクしていたら成功です！

2 その日のもやもやを書き出そう

手帳術では、大きな目標を立てた後、それを実現するために具体的には日々何をするかを決めます。運動、食事、生活習慣の見直しなど、自分に合ったプランを作ります。PART4、PART5で紹介している私がやったことを取り入れてもらってもOK。そしてダイエットでつまずいた日があったら、もやもやしたままにせず、書き出してポジティブ変換！　自分にエールを送りましょう。

順調に痩せてたのに…
飲み会に参加して
ちょっと増えた

書き出し方のコツ

February

	できごと	問いかけ	決めごと
2/1	● 我慢できなくて ショートケーキを 食べた ● リバウンドしてた	● 今まで頑張ってきたから 焦らなくていいんじゃない? ● 職場の会食会が あったし、最初に 比べたら痩せてるじゃん?	● 明日は朝日を浴びて お散歩をしよう! ● 水をいっぱい飲もう
2/2			
2/3			

つまずいた日に、「できごと」「問いかけ」「決めごと」をそれぞれ書き出します。「できごと」は何があったか、「問いかけ」はポジティブな意見、「決めごと」は明日からどうしていくか、です。ダイエットが順調な時はとくに書くことはないし、書く必要もないので、つまずいた時の対処法です。

ENJOY 2

「好き」「楽しい」「得意」が続く秘訣！

私は
踊りが好きだから
よく踊ってる!

世の中には様々なダイエット法があふれているのに、なかなか思ったように痩せられない、リバウンドするのは「続かない」から。**なぜ続かないかというのを考えた時に、そのダイエット法が本当は、好きじゃない、楽しくない、向いていないから**だとダイエット初期に気づきました。**効果的、みるみる痩せるといったワードに踊らされて、自分の性格や嗜好に合わないことをしても絶対に続かない！** だから私は、好き、楽しい、得意なことから始めました。

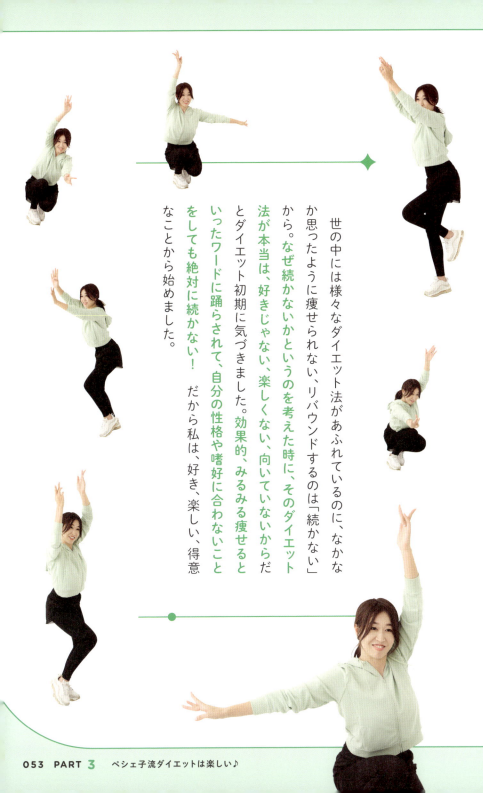

ENJOY
3

モデルに
なったつもりで
モデルがやりそう
なことをする

これもオススメ!

ビジュアルボードで憧れを
いつでも見られるようにする!

こんな体型になりたいという憧れのモデル、水着姿でビーチでくつろぐ女性、スーツを着こなすバリキャリウーマンなど自分の最終目標(P015参照)に合った写真を集めて。私はいつでも目に入るようにしてモチベーションをアップさせていました。こういうことが好きだったり、得意だったりする人はやってみて!

運動、日々の食事、外食メニューの選び方、生活習慣などで**何をしたらいいか迷ったら、「憧れのモデルがやっていそう」を指針**にしています。白湯を飲み始めたきっかけも、なんかモデルっぽい、からでした(笑)。後から調べて、体にいいことがわかったのでずっと続いています。また、**憧れのモデルの写真などをコラージュした「ビジュアルボード」を作って、モチベーションを高める方法**もオススメです。

白湯を飲む

ヨガもやってみる

ENJOY 4

〝続く〟に必要なのは「トリガー」「行動」「報酬」

この思考がその後を左右する

報酬 ← 行動 ← トリガー

トリガー

次の行動を引き起こすきっかけとなるもの。

例 白湯用のカップが目に留まる

行動

トリガーによって起こった気づきから行う行動。

例 そうだ、白湯を飲もう

報酬

行動によって得られる対価。

例 体がポカポカ、気持ちもいい

ウォーキングが三日坊主、ジムに通わなくなる、ダイエットグッズを買ったもののタンスの肥やしに…など、**「続かない」のはそれらを行うきっかけ、つまり「トリガー」が目に留まるところにないから**です。トリガーが手の届くところにある、常に目に入るところにあると「あ、やろうかな」という「行動」につながります。そして行動したことでいい結果、すなわち「報酬」が手に入ります。**これが繰り返されることで、いいルーティン＝「続く」が生まれます。**

ペシェ子のトリガー

良

玄関にかかっている マウンテンパーカが目に入る

朝起きたら、外に出て深呼吸するのが日課になっています。その際、玄関に置いてあるマウンテンパーカ、UVカット帽子、モバイルの音楽プレーヤーなどを入れたポーチが目に入ります。

ペシェ子の行動

そうだ！
ウォーキングに行こう!!

マウンテンパーカなどを目にしたことで、ウォーキングに行く気になります。着替えるのが面倒な時はパジャマのままで出かけたり（笑）。5分でも10分でも好きなだけ歩きます。

ペシェ子の報酬

めっちゃ気持ちいい！
家族も褒めてくれた♡

朝の空気は気持ちがいいし、1日を快適に始めるウォーミングアップに。家族からも「毎日続けていて凄いね」と褒めてもらえて、明日もやろう！　とモチベーションアップにつながります。

ペシェ子のトリガー

悪

ファストフード店の看板が目に入る

ファストフード店、
発見〜！

ペシェ子が75kgまで太ったきっかけ。子どもたちを毎朝保育園に送り届けるルートにファストフード店があり、無意識に目にしていました。

ペシェ子の行動

いつものように朝メニューを食べる

「毎日頑張ってるし、ごほうび♪」くらいの感覚で毎日帰りに立ち寄り、朝メニューをオーダー。ハッシュドポテトにはトマトケチャップを2個つけ、カフェラテにはお砂糖2つが定番。さらに帰宅したら子どもたちが食べ残した朝ごはんまで、もったいないと食べていました（笑）。

ペシェ子の報酬

いらない脂肪をGET…

　四男を出産してわずか2か月で75kgに！　妊娠中よりも体重が増えていて現実とは思えませんでした。

あなたはどう？

悪ルーティン見直しcheck!

太ってしまった習慣を手放すことが大切です。私は毎朝のファストフード&食べ残しの処理をする過食生活が明らかに問題行動だと気づきました。そこで、

遠回りになるけど送迎ルートをファストフード店の前を通らないルートに変えた！

↓

3日間立ち寄らなかったら食べたいと思わなくなった。

↓

朝のファストフードをやめたら1か月で4kg減！

行いを書き出すと客観的に自分を見られるよ

太っていることを年齢や環境のせいにせず、自分の行動を見直してみると、そこに痩せるヒントがあると思います。

太ってしまった悪ルーティンを書き出し、どうしたら良ルーティンに改善できるかを書き出そう。

悪 トリガー → 良 トリガー

悪 行動 → 良 行動

悪 報酬 → 良 報酬

COLUMN

“続く”秘訣を教えてくれたのは、長男でした

突然の登校拒否！

長男が小学1年生の時、「学校に行きたくない、本当に嫌だ」と登校を拒否するようになりました。そこで、子どもの好きなことや特性に合わせて学ばせる「オルタナティブスクール」を調べ、この機会に転校させることにしました。

オルタナティブスクールに通って長男が変わった！

長男は登校1日目で「明日も行きたい、毎日行きたい」と楽しそうに、その日あったことを話してくれました。そして通ううちに自ら勉強するようにもなったんです。長男を通して、**人が続けていけるのは環境だなと気づき、これはダイエットにも、仕事にも言えることだと思った**んです。長男がスクールに通えるようになったのは、**そこに「好き」「楽しい」「得意」があった**から。スクールではお金の管理の授業もあって、長男は今財テクの能力を発揮し、才能を伸ばしています（笑）。

「“明日も行きたい！”
長男の言葉を聞いた時、
好き・楽しい・得意は続く要素だと
確信しました」

ENJOY 5

「おしゃれ」「可愛い」「お気に入り」に囲まれる♡

毎日いただく白湯やナッツは
お気に入りの器に入れて

「トリガー」は目につくところにあるのが理想的です。ただそれが、イケてないビジュアルだと、しまい込んで使わなくなったり、気分が上がらなかったりします。ただの袋に入った無塩ナッツも小瓶や缶に移し替えたら素敵なおやつに♪　白湯もお気に入りのカップ&ソーサーでいただきます。

ウォーキングのお供には
音楽とおしゃれな水筒を携帯

お気に入りのポジティブな思考を引き出すアファメーションBGMを聴きながら、朝のウォーキングをしています。今週はあれしよう、これしようとプランを考えるとめちゃめちゃはかどるんです。お水はペットボトルのままではなく持ち歩く姿がしゃれる水筒に入れています。

ライフスタイルと
食事からアプローチ!

PART 4

やってみよう！
続く！ ペシェ子流
ダイエットのお約束

ライフスタイル編

私が
ダイエットを始めてから
習慣にしていることです

日々の生活で
頭の片隅に置いておきたいこと

最大のポイントは、**生活と姿勢を正す！**　これに限ります。文字にすると普通のことで、そんなことでいいの？　と思われるかもしれません。でもその「普通」ができずにいるのが現代人。睡眠不足、運動不足、スマホやPCワークなどによる姿勢の悪さ…思い当たる人も多いのでは？　**ツライことも、頑張ることもせず、健康的に痩せるには一生続けられることをすること**だと思います。

これ大事

1

太っている時の写真は「宝物」

比較する相手は〝過去の自分〟
だからきちんと
写真に残しておこう

私の「お宝ショット」たち

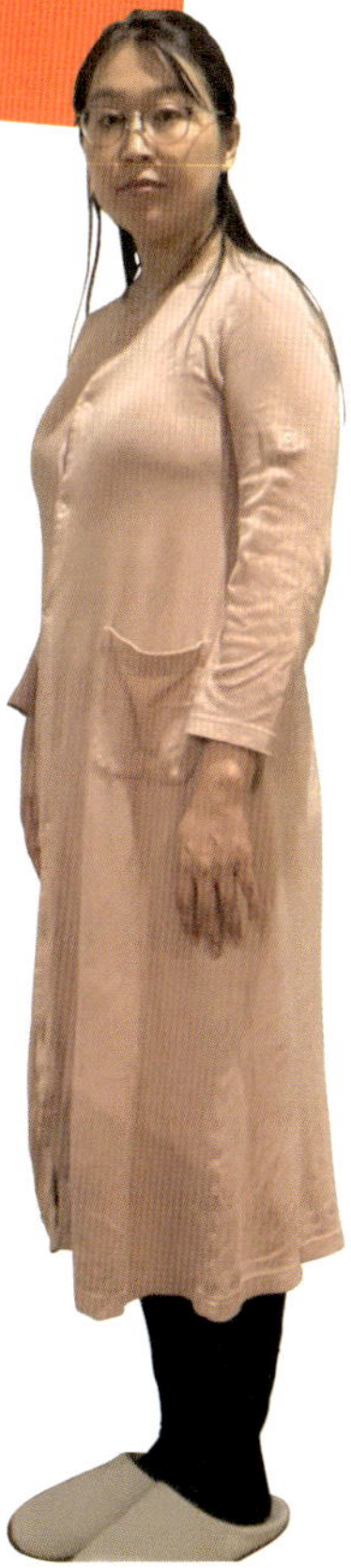

記録に残す写真の撮り方

FRONT

真顔で撮るのも
ポイント!
他人から見た
自分の姿です

写真を撮ってくれる人がいる場合は、正面、横、後ろの3パターンをおさえてもらいましょう。スポーツブラ&ショートパンツなど体型がよくわかるウエアで撮影を。ちょっとした変化にも気づきやすくなります。

BACK

SIDE

タイマー自撮りのコツ

セルフで撮影する場合は、スマホの撮影タイマーを利用します。スマホスタンドにスマホを固定して全身が入る角度、場所を探ります。スマホスタンドがない場合は、高さの合う家具にスマホを置いて撮影を。その際、スマホが動かないように固定することが大事。痩せる経過を撮影することはモチベーションアップになるので、スマホスタンドはあると便利です。

全身が入る
位置に立って
レンズの位置が
胸の高さに
くるように置く

不意打ち後ろ姿写真も
ダイエットの“活力剤”

私以外のみんなが
知ってる私の姿…
ヤバ過ぎ！

自分では知ることのできない、他人の目に映る自分の“自然体の姿”もビビリます（笑）。家族や友人にお願いしてこっそり撮ってもらいましょう。

これ大事

2

正しい姿勢で過ごす

妊娠中や太っておなかが重くなると、それを支えるために反り腰になりやすいそうです。ペシェ子も反り腰体型でしたが姿勢を意識し、また痩せたことで改善し、身長が1㎝伸びました（笑）。正しい姿勢で過ごすと同じ体重でも見た目の印象が全然違って、スタイルアップします。

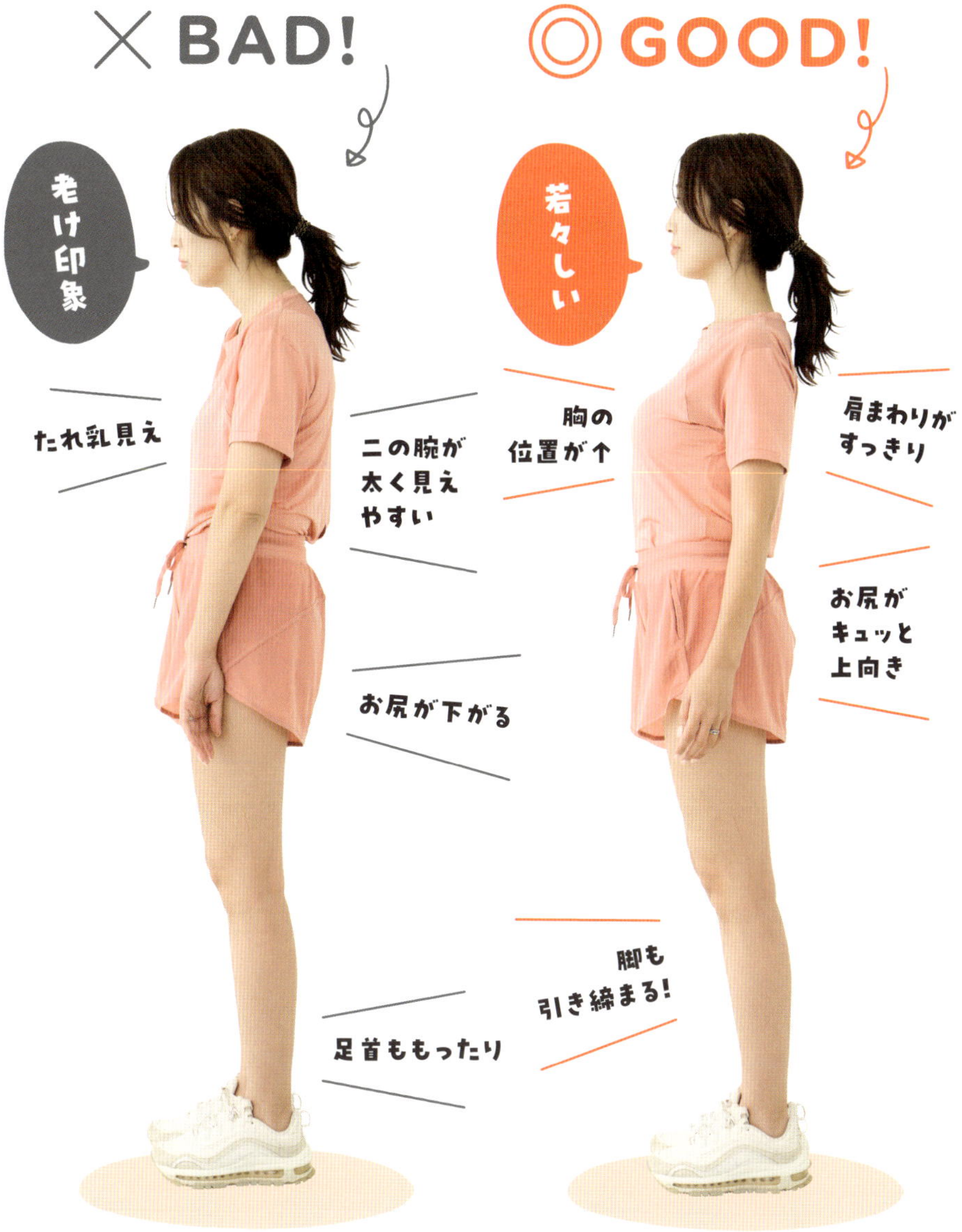
BAD!
老け印象
たれ乳見え
二の腕が太く見えやすい
お尻が下がる
足首ももったり
GOOD!
若々しい
胸の位置が↑
肩まわりがすっきり
お尻がキュッと上向き
脚も引き締まる!

トイレから出るたび姿勢を正すことを意識！

立つ、歩く、座るといった日常の動作でも姿勢を意識しなくちゃと思いつつ、忘れがちだった私は、トイレの後に姿勢を正すことを習慣にしました。トイレがトリガーになっています。

ひざを軽く曲げてパンツのおなか側を上に向けるイメージで骨盤を突き出します。そしてひざを伸ばしてスッと立ちます。骨盤が正しい位置にくるので姿勢が整います。

パンツの前を
上げるイメージで
骨盤をクイッと
前に突き出す

その後、頭を上に吊られる
イメージでスッと立つ

「インソール」を活用すれば知らず知らずのうちにいい姿勢

歩く時に姿勢を意識するのが難しかったので、姿勢がよくなるというインソールを発見して活用していました。**正しい姿勢で歩けるようになったからか、周囲から「姿勢がいいよね」とよく言われるように**なり、子どもたちと散歩をしていてもへんなところに痛みが出なくなって、運動効率もよくなった気がしています。

サポートグッズを上手に取り入れてみて！

外ではインソールを活用

「ピットソール」というインソールを愛用しています。朝のウォーキング時に履くスニーカーに入れていますが、楽に歩けます。足元から全身の骨格を調整してくれている感じがします。

おうちの中は“足《あし》半《はん》”で移動

おうちでは、ミセスコンテスト出場の際にお世話になったトレーナーの、デトックスおかんさんが考案した「足半」というサンダルを履いています。足裏と足指が刺激されて血行が促され、骨盤のゆがみの改善にも。姿勢を正す歩き方ができます。

これ大事

3

朝起きたら、日差しを浴びよう

　へんな時間におなかが空いたり、夜なかなか寝付けなかったりするのは、朝の日差しを浴びていないからかも。朝に光を浴びることで、日々、体内時計は整うのだそうで、この体内時計が乱れると食欲増進にもつながるとか。不規則な生活を自ら生んでいるようなら、朝日を浴びるところから始めてみて！

食生活編

何を食べないか、
ではなく
何を食べるかが大事!

迷ったらモデルになりきって口に入れるものを選ぶ

20代の頃していたダイエットは、食べない、これだけ食べるといった偏った食事制限だったので、続くわけがなくリバウンド。**ダイエットがイベントになっていました。ダイエットとは、痩せたら終わりなのではなく、痩せた後の体を健康的に維持すること**だと気づき、形から入る私は、**「体によさそう」「モデルがやっていそう」という単純な理由で始めたことが続いています。**そして結果につながっています。

これ大事 4

朝一番には白湯を飲む

ダイエットの最初に取り入れたのは、白湯飲みです。当時はどんな効果があるかも知らずに、健康や美容にいいと聞くし、何より「モデルがやっていそう」という理由で始めました(笑)。基礎代謝が上がって痩せやすくなる、冷え性の改善、デトックスといった効果が期待できると知り、確かにそうかも！　と実感したので、今も飲み続けています。

【白湯の作り方&飲み方】

浄水した水を10分間沸騰させた後、50℃くらいに冷めるまで待つ。起床時にコップ1杯の白湯をゆっくりと飲む。

「まごは やさしいわ」の食事を心がける

- **ま** まめ（豆類、大豆加工食品）
- **ご** ごま（種実類）
- **は** はっこう（発酵食品）
- **や** やさい（いろんな野菜）
- **さ** さかな（いろんな魚）
- **し** しいたけ（きのこ類）
- **い** いも（イモ類）
- **わ** わかめ（海藻類）

これ大事

5

ダイエット前は育ち盛りの子どもたちと同じもの+残したものを食べていましたが、栄養バランスのいい食事として挙げられる「まごはやさしいわ」を意識した食生活にしました。**体調もとてもよく**なり、へんにイライラすることもなくなりました。調理するのが難しければ、ご飯にゴマをふりかける、納豆やキムチを冷やっこにトッピングするなど、調理ゼロですぐ食べられるものをプラスするのもオススメです。

ダイエット中に食べたい！ペシェ子レシピ

常備菜が活躍！焼き魚プレート

冷凍しておいたおにぎり、常備菜の付け合わせでパパッと。野菜ときのこの具だくさんみそ汁を添えて。

カフェ風 おにぎりプレート

冷凍しておいたおにぎりと、常備菜の共演です♡　人参などの彩り野菜はよく使いますね！

サバ缶の和総菜プレート

サバ缶をメインにしました。付け合わせを、ちょっとずつにしてカフェ気分を出しています♪

アボカドとミニトマトのサラダ

大好きなアボカドはごほうびおかず。見た目もキレイに！

えびとパプリカのマリネ

子どもや夫には唐揚げを用意し、私はシーフードをメインに。

調理ゼロ＆のっけるだけ！ペシェ子丼

キムチ、納豆、めかぶをご飯にぶっかけただけ。すぐに作れて、おいしいのでよく食べてます。

ストック&トッピングが手間なしヘルシーのコツ

きのこ類は使いやすいサイズにカットして冷凍に!

枝豆、塩昆布などの混ぜご飯をおにぎりにして冷凍保存

サバやイワシの缶詰でメインディッシュが1品できちゃう!

健康にいいアマニ油と砕いたナッツでサラダも!

食事も「続けられるか」がポイント

トッピングしやすさNo.1のゴマ! 何にでもかけちゃう

たんぱく質、ミネラルなどを含むあおさもトッピング使いで!

これ大事

6

腹八分目に医者いらず！

太っていた時はよく噛まず、早食いで、満腹感が得られないものだから食べ過ぎていました。「腹八分目に医者いらず」という言葉があるけれど、満腹までいかないところでやめておくのが健康の秘訣。何を食べてもいいけど、食べ過ぎないということがペシェ子のダイエットではキーになっています。

物足りない？　まだいけそう？？

食べ過ぎを防ぐコツ

1. ゆっくり、よく噛んで食べる。1口20～30回が目安
2. 食べ終えて「まだ食べたい」と思ったら、10分間別のことをして過ごす。じわじわ満腹感がやってくるから

これ大事

7

トイレの後と食前はマスト 水を1日1・5Lくらい飲む！

1日に1・5Lくらいの水を飲むのは意外と難しいのですが、老廃物の排出を促してくれるので、むくみや便秘の解消にもいいと聞き、意識して飲んでいます。とくにトイレに行った後と食事の前はコップ1杯分の水を飲むのが大事。トイレの後は尿として老廃物を出した後、キレイな水を体内に入れることで循環をよくします。食事前は食べ過ぎの防止に。食事中や食後に水を飲むと胃液が薄まるそうなので、ガブ飲みは控えています。

水に岩塩を加えれば、不足しがちな鉄やマグネシウムなどミネラルも補給！ほんのり甘みもあって飲みやすいです。1日の塩分摂取量に気を付けて取り入れています。

体を動かすチャンスは
いつでも、
どこにでもあります

PART 5

半年で10kg 痩せた! ペシェ子流おうち "1分トレ"

監修
吉原 潔医師

医学博士。「アレックス脊椎クリニック」名誉院長。脊椎外科医、スポーツドクター、フィットネストレーナー。本格的な運動療法をベースとした治療を行い、一般の患者からアスリートまで対応する。

ウエイトダウン編

全体的に
そぎ落とされた
ボディラインに！

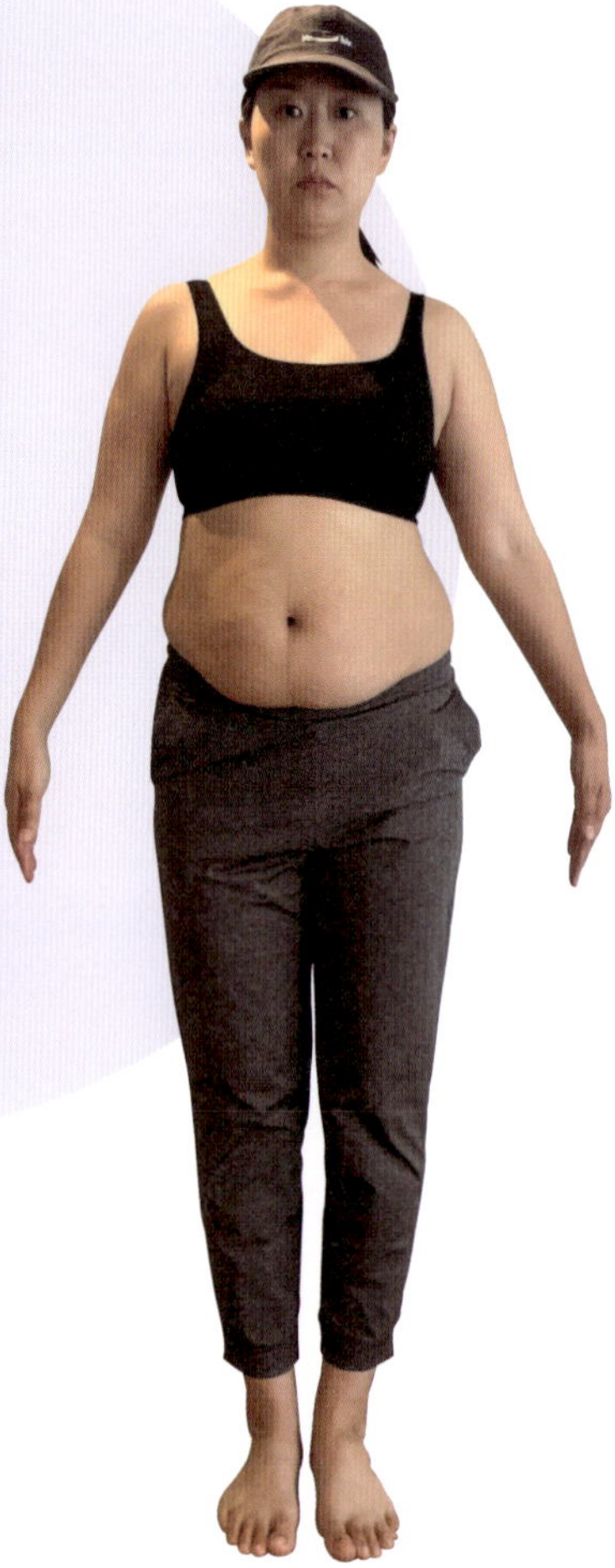

ぽっこりおなかが
気になる
洋梨体型…

本気なら毎日やりたい！
EASYエクササイズ

本格的に運動するぞ！　と意気込むと続かなくなることが多いので、**私は日常生活の動きの中で運動量を上げる工夫**をしました。そうしていくうちに体を動かすことにも慣れて、もっとやれる！　という気持ちにもなってきました。ここで紹介するのはそんな体を動かすヒントです。

すき間エクササイズ 1

◎起床時や家事の合間に

肩回し

肩甲骨の間には褐色脂肪細胞という体の熱産生を促す細胞があり、肩や肩甲骨まわりを刺激することで活性化が見込め、代謝上げに効果的。朝起き抜けにやってみて。猫背や肩が内側に入っている人にもオススメなので、デスクワークの合間に行うのも◎。

1

両肩にそれぞれ手をあてて

まずは、両肩にそれぞれ手をあてる。

目安 ／ 各10～20回

2

ひじで大きく円を描くように前から後ろへ

ひじで大きく円を描くように、肩甲骨の動きを意識しながら腕を前から後ろに大きくゆっくり回す。

3

ひじで大きく円を描くように後ろから前へ

同じように、肩甲骨の動きを感じながらひじで大きく円を描くように後ろから前に大きく腕を回す。

すき間エクササイズ 2

◎散らかった部屋を片付けながら もの拾い

腰だけ曲げてものを拾うのではなく、一回一回しゃがんでから立ち上がって、子どもが散らかしたおもちゃや服をカゴに入れています。しっかりしゃがむスクワットで、20回くらい行うと腹筋20回よりもカロリーを消費！

目安 ／ 10～20回

1 しっかり しゃがんで

手だけではなく、脚も使ってもの拾い。足を肩幅に開き、しゃがんで片付けたいものを拾う。

2 そのまま真上に 立ち上がる

そのまま真上に立ち上がる。完全にしゃがみ込んで立ち上がるスクワット。

すき間エクササイズ 3

◎玄関の段差や階段を使って 踏み台昇降チャンス

私は回覧板を届けてきた帰りに、玄関の段差を利用して踏み台昇降をしています。運動しないよりはいいし、積み重ねに。駅やデパートなどではエスカレーターではなく階段を使うなどもいいかと思います。

1 右足を段の上にのせる

姿勢を正して、右足を段にしっかりとのせる。

2 左足も段の上にのせる

左足も段にのせて、両足でしっかり立つ。

目安 ／ 左右10～20回

3

右足から下りる

右足から下りる。

4

元の位置に戻る

左足を下ろし、床に着地する。これを次は左足から同様に行って。交互に繰り返す。

しっかりエクササイズ 1

◎縄跳びのイメージで ジャンプ

ボクサーの縄跳びのようなイメージで細かくジャンプします。日々の運動量を底上げでき、またふくらはぎのラインがキレイになる美脚効果も！同じ位置に着地することでバランス感覚を養い、正しい姿勢に修整する効果を狙っています。

1

まずは輪っかに入って

同じ位置に着地できるように、縄などで直径30〜40㎝の輪を用意し、その中でジャンプする。

目安 ／ 100〜500回

2

胸の前で手を組んで

姿勢を正してまっすぐ立ち、手を胸の前で組むと小刻みにジャンプしやすい。

3

リズミカルに細かくジャンプ

床から足が離れるか離れないかくらいの低いジャンプをリズミカルに細かく行う。

消費カロリーを上げる助けに

しっかりエクササイズ 2

◎楽しく踊ってストレスも発散

阿波踊り（女踊り）

腕を上げて伸ばす
腰を軽く落とした体勢をキープ
細かい足踏みを続ける

阿波踊りは、常に軽く腰を落とし、腕を上に伸ばした状態で踊ります。心地のいい疲労感があり、全身運動になっています。私は連（阿波踊りのグループ）に所属していますが、初心者でも、軽快な音楽に合わせて見よう見まねで踊ったら楽しめると思います。

目安 ／ 音楽に合わせて踊って疲れるまで

ハイ、
キメのポーズ!

反対の
振りでも
リズミカルに

ヤッ!

基本は斜め上に腕を伸ばし、軽く腰を落とした体勢のままステップを刻む動きの繰り返し。興味があれば動画などを見ながら一緒に踊ってみよう!

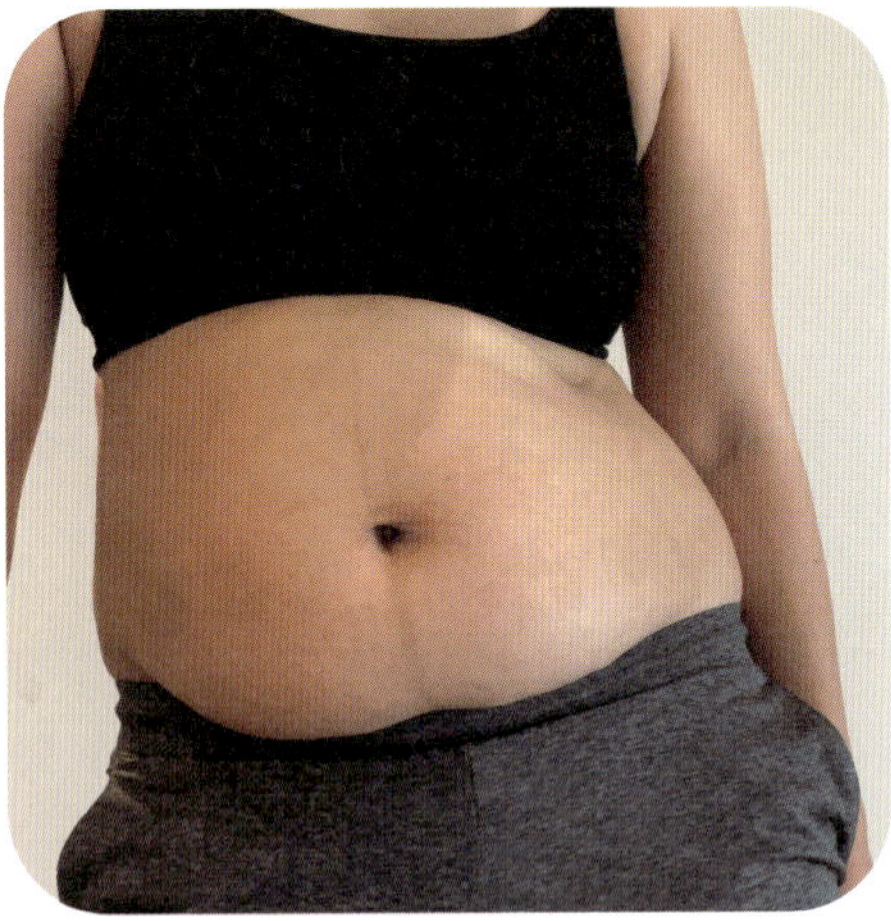

第五子妊娠中…?
ではありません!

1分トレ編

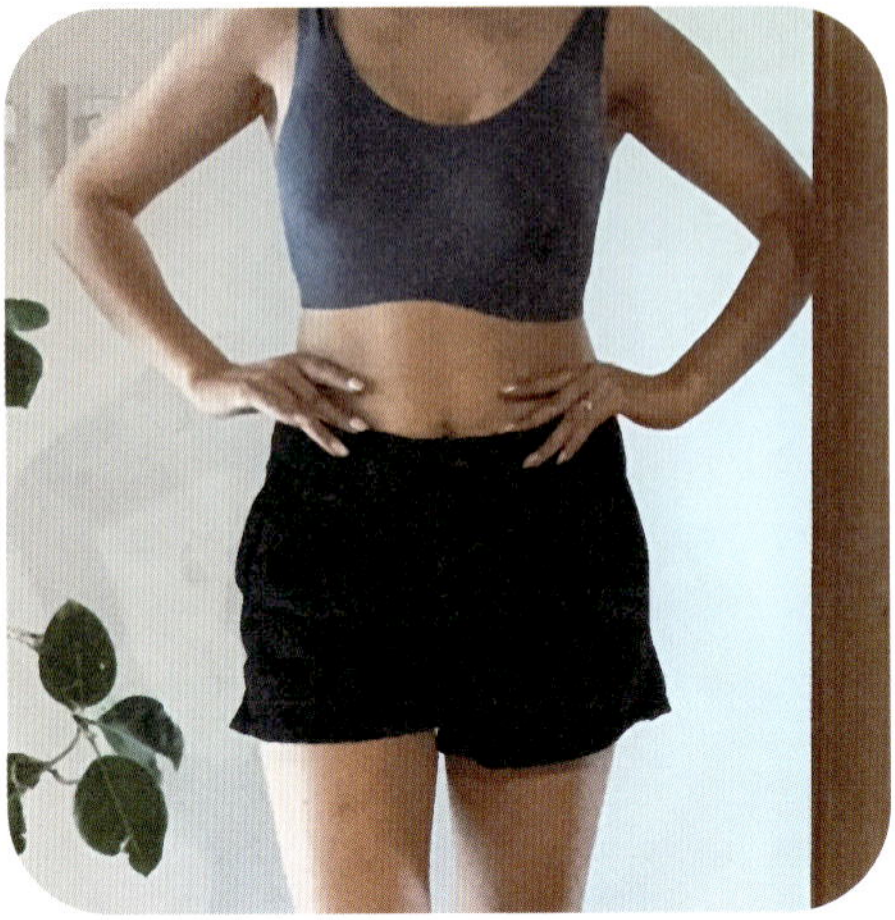

ウエストに
くびれが誕生!!!
おなかもぺたんこ

ぽっこりおなか、たれ尻を
すっきり引き締めよう！

部分痩せというのは難しいけれど、引き締まった印象を作ることはできます。ペシェ子がやっている「1分トレ」も、引き締めボディを作る運動のひとつ。「1分」というのはハードルを低くして、始めるための「トリガー」に。もっとできる、もっとやりたい、という気持ちや体力がつけば、5分でも10分でもOK。その日の体調や気分で1分の日があっても、10分の日があってもいいんです。

◎腰を深く落とすことが大事

スクワット

スクワットは太ももの前と後ろ、お尻といった下半身にきかせるエクササイズ。おなかを凹ませるには腹筋運動よりも、下半身の大きな筋肉を動かして全身の運動量を増やしたほうが効率的。また、下半身の大きい筋肉に効かせるだけでなく、姿勢を保つので体幹の強化にも◎。

1 肩幅より広く足を開き、やや腰を落とす

胸の前で手を組み、肩幅より少し広めに足を開き、やや腰を落とした状態からスタート。

2 お尻を後ろに引いて深くしゃがむ

1の状態から太ももと床が平行になるまで、お尻を後ろに引いて深くしゃがむ。ゆっくりとお尻をもとの位置に戻す。1→2を繰り返す。

決して猫背にならないように背筋を伸ばして!

◎もっと頑張れるなら
ワイドスクワット

基本のスクワットよりも両足を広く開いて、深く腰を落とすのが特徴。太ももの前と後ろに加えて、内側の筋肉にもきかせられます。猫背にならないように背筋を伸ばして行って！

1 スクワットよりも足を開く

胸の前で手を組み、スクワットよりもさらに足を開いて、やや腰を落とす。

2 お尻を後ろに引いて深くしゃがむ

お尻を後ろに引きながら、床と太ももが平行になるまで深くしゃがむ。ゆっくりとお尻を上げてもとの位置に戻ったら1→2を繰り返す。

◎おへそを突き上げるイメージで ヒップリフト

お尻を持ち上げて下ろす動きを繰り返すエクササイズで、お尻やおなかの引き締め、ヒップアップにオススメです。反り腰など姿勢の悪さの改善も期待できます！　仰向けで行えるので、運動初心者の人でも比較的始めやすいかと思います。

1 仰向けになり、ひざを曲げる

仰向けに寝て、ひざを曲げて、足裏を床につける。両手は体の横、手のひらは床につける。

2 おへそを突き上げるようにしてお尻を上げる

おへそを天に向かって突き上げるイメージでお尻を上げる。肩からお尻までが一直線になった体勢を1～3秒キープ。お尻が床につくかつかないかの位置まで戻す。1→2を繰り返す。

◎脚を上げた状態で上げ下げする
レッグレイズ

1 四つん這いになり、片脚を上げる

四つん這いになり、手は伸ばし肩の下、ひざはお尻の下にくるように置く。片方の脚を床と平行になるように上げる。

2 脚を上げたまま上げ下げする

床と平行に上げた脚の位置から45度くらい脚を上げてもとの位置に戻す。反対の脚も同様に行う。片足30秒ずつ。

お尻から太ももにかけての引き締め、体幹を鍛えるのに◎なエクササイズです。「モデルがやっていそう」な運動なので好んで取り入れています(笑)。脚はひざから上げるのではなく、太もものつけ根からしっかり上げるのがポイントです。

寝起きストレッチ 1

◎1日の体の動きを楽に

脚パタパタ

かたくなりがちな腰まわりをほぐすストレッチ。腰痛になりやすい人にもオススメです。目が覚めたら、体を起こす前に、左右にひざを倒すだけ。これで体が起きやすくなるし、1日の始まりがスムーズになる感じがします！

1 仰向けに寝て、ひざを曲げる

仰向けのまま、腕は開いて手のひらを床につける。ひざを曲げた体勢からスタート。

2 曲げたひざを右側に倒す

上半身は動かさず、両脚を右側にひざから倒す（左右どちら側から倒してもOK）。

3 曲げたひざを左側に倒す

倒したひざを1の位置に戻したら、今度は左側に倒す。1→3を繰り返す。

寝起きストレッチ 2

◎背骨を整え、体幹を柔らかくする
キャット アンド カウ

猫のポーズと牛のポーズを交互に行うヨガの動きです。背骨が整うので、猫背、巻き肩、反り腰といった姿勢の悪さの改善に効果が期待できます！　呼吸を意識しながら行いましょう。

1 四つん這いになる

四つん這いになり、手は伸ばし肩の下にくるように置き、足は骨盤の幅で開く。

2 背中を丸めて猫のポーズ

手のひらで床を押さえつつ、おへそを見るようにして、息を吐きながら背中を丸める。

3 背中を反らして牛のポーズ

息を吸いつつ、胸を前に突き出して、首を伸ばすようにしながら背中を反らす。2→3を繰り返す。

5日間実践
してみよう!

ペシェ子が痩せた
モデル
なりきり生活

ダイエットはツライものではなく、楽しいもの、を実感できる「モデルがやってそう」なダイエットプランをご提案！　目標を書き出したり、ビジュアルボードを作ったり、楽しむところからスタート。ちょっとしたエクササイズも行いながら、**まずは5日間続けてもっとできると思ったら、たとえば運動メニューを替えたり、時間を増やしたりしながら自分らしくアレンジ**を。それでは、一緒にダイエットを楽しみましょう!

やったことは ✓ してね!

DAY 1

TO DO LIST

- ☐ 朝日を浴びる
- ☐ 朝一番に白湯を飲む
- ☐ 水を1.5Lくらい飲む
- ☐ 全身の写真を撮る

TODAY'S BIG PLAN

☐ おしゃれなカフェで手帳に目標を書き出してみよう！

DAY 2

TO DO LIST

- ☐ 朝日を浴びる
- ☐ 朝一番に白湯を飲む
- ☐ 水を1.5Lくらい飲む
- ☐ まごはやさしいわの食事
- ☐ 肩回し（1分間）

TODAY'S BIG PLAN

☐ ビジュアルボードを作ってみよう！

お水をいっぱい飲むの大変だよね！昨日よりも飲めてれば成長！

もう3日目だよ！ 凄い！
その調子でファイト!!

TO DO LIST

DAY 3

- ☐ 朝日を浴びる
- ☐ 朝一番に白湯を飲む
- ☐ 水を1.5Lくらい飲む
- ☐ まごはやさしいわの食事
- ☐ 湯船につかる

TODAY'S BIG PLAN

☐ お気に入りの
ウォーキングウエア
でお散歩して
みよう

TO DO LIST

DAY 4

- ☐ 朝日を浴びる
- ☐ 朝一番に白湯を飲む
- ☐ 水を1.5Lくらい飲む
- ☐ まごはやさしいわの食事
- ☐ 湯船につかる
- ☐ ヒップリフト（1分間）

TODAY'S BIG PLAN

☐ いつもはしない
メイクに挑戦
してみよう！

まだまだ続けられそう？
自分スタイルにアレンジして
ダイエットを楽しんでみて！

TO DO LIST

DAY 5

- [ ] 朝日を浴びる
- [ ] 朝一番に白湯を飲む
- [ ] 水を1.5Lくらい飲む
- [ ] まごはやさしいわの食事
- [ ] 湯船につかる
- [ ] 肩回し（1分間）
- [ ] スクワット（1分間）

TODAY'S BIG PLAN

- [ ] 5日間やりきった自分を褒めまくろう！

38歳の今のほうが
ウエディングドレスを
着こなせちゃった

おわりに

私が〝変わりたい〟と思うきっかけとなったのは当時小学1年生だった長男の不登校でした。彼が行きたくないと訴えているにもかかわらず、私は世間体を考えて無理に通わせ続けました。「どうしてこうなってしまったんだろう」。他責思考で自分の外にばかり目を向けている自分にある時、気づきました。

「他の人ではなく、自分のことに目を向けてみよう」。

この思考に至った時、私のダイエットは始まりました。

母になってから約7年、ずっと放っておかれていた〝私自身〟が、突然朝1杯の白湯、朝一番の日光浴、散歩で〝気を遣われる〟ようになり、なんだか自分が満たされていく感覚がありました。ダイエットの一般的なイメージは〝ツライ・苦しい・我慢〟のようなものが多いかと思いますが、私にとってダイエットは「自分にあげるごほうび」のような時間でした。

これは長男が行きしぶり・不登校、そしてオルタナティブスクールへの転校を経て、大きな変化を見せてくれていたから。「人は物事の捉え方、そして環境次第でいかようにも変わる」ということが心の底からわかっていたから、できたことだと思っています。

「ダイエットで自信と自身を取り戻す」。普通のアラフォー主婦の日常をＳＮＳで発信するとたくさんの方から共感をいただくようになりました。そして驚くべきことに今では私がフォロワーさんのダイエットサポートをするようになりました。私はダイエットをきっかけにして、子どもの自由な選択と家族仲がよくなるということ、そして何歳になっても挑戦し続けたいと思える元気を得ることができました。

そんなたくさんの可能性のあるダイエットが大好きだし、これからも続けていきたいし、ダイエットが楽しめなくて、困っている方に何かきっかけをお渡しできるような人間でいたいなと思っています。

ダイエットの楽しみ方は本書の中にまとめてあります！　子どものことに愛を注ぐばかりで自分を放置してしまっていた方、母親になり、自分自身を失うような経験をしてしまった方、変わりたいけどなかなか行動が続かない方、何度も挫折を繰り返している方、そんな方が最初に手に取る１冊になって欲しいという思いで、心を込めて作りました。お役に立てたらうれしいです。

ペシェ子

ペシェ子

4児のママ。169cm。
出産を経て「自分が主役の時代は終わった」と思い込み、
美容に無関心になった結果、たった1年で老けこみ、激太り。
一念発起をしてダイエットに取り組んだ結果、
半年で10キロ・1年で17キロの減量に成功。
自身の経験を生かして、自分への自信を失ってしまった
アラサー&アラフォー女性の希望になりたいと、
Instagramでの発信を行なっている。

Instagram　@pe.diet2

**いつもXLサイズだったアラフォーママが、
産後半年であっという間に
10キロ痩せられた方法ぜんぶ**

2025年2月26日　初版発行

著　者　　ペシェ子
発行者　　山下直久
発　行　　株式会社KADOKAWA
〒102-8177　東京都千代田区富士見2-13-3
電話0570-002-301（ナビダイヤル）
印刷・製本　TOPPANクロレ株式会社

本書の無断複製（コピー、スキャン、デジタル化等）並びに無断複製物の譲渡および配信は、
著作権法上での例外を除き禁じられています。また、本書を代行業者等の第三者に依頼し
て複製する行為は、たとえ個人や家庭内での利用であっても一切認められておりません。

●お問い合わせ
https://www. kadokawa.co. jp/（「お問い合わせ」へお進みください）
※内容によっては、お答えできない場合があります。
※サポートは日本国内のみとさせていただきます。
※Japanese text only

定価はカバーに表示してあります。
ISBN 978-4-04-897857-6　C0077
©pecheko 2025　Printed in Japan